DE LA NÉCESSITÉ D'UNE CHARTE CONSTITUTIONNELLE,

SUIVIE

De quelques Réflexions sur la Constitution décrétée par le Sénat (*).

PAR M.r A. P. DE MONTANDRÉ.

Les Puissances Alliées, pleines de magnanimité et guidées par des sentimens nobles et généreux, en déclarant qu'elles n'avoient point fait la guerre aux Français, mais à un tyran qui, non content d'avoir usurpé le trône du plus bel empire du monde, vouloit encore étendre sa domination sur l'Europe entière, et menaçoit les peuples et les rois du plus dur esclavage; ces Puissances, dis-je, se montrant en amies de la nation Française, l'ont invitée à se choisir un gouvernement sage avec lequel on pût traiter

(*) D'après la déclaration du Roi, publiée le 3 mai, cet écrit paroît en quelque sorte hors de saison, du moins pour quelques-unes de ses parties; mais il devoit voir le jour avant l'entrée du Roi à Paris. L'impression en a été retardée par la négligence de l'auteur, d'abord, ensuite par le séjour que le manuscrit a fait à la direction générale de l'imprimerie.

avec sûreté. Elles ont laissé la nation libre du choix qu'elle voudroit faire : « Nous serons parmi vous, nous resterons au milieu de vous, ont-elles dit, pour protéger votre volonté ». Paroles sublimes, dignes d'une réunion de sages.

Après une suite de considérant, le Sénat a décrété la déchéance de Napoléon. Un projet de constitution lui a été présenté par le Gouvernement provisoire ; une commission spéciale de sept membres a été chargée de lui faire un rapport sur ce projet, et c'est après avoir entendu ce rapport, que le Sénat a décrété les articles constitutionnels que tout le monde connoît.

C'est pour répondre à un appel fait au peuple par le Gouvernement provisoire que, guidé par l'amour que je porte à ma patrie et à nos rois, je vais exposer quelques réflexions sur le projet de constitution décrété par le Sénat.

Riche de peu de besoins, exerçant une profession qui est de tous les temps et de tous les lieux, qu'aucune puissance ne peut entraver, j'ai vécu libre, même sous le règne de l'usurpateur (*). Ces circonstances, au milieu des-

(*) Quelques personnes prétendent que Napoléon n'étoit point un usurpateur, puisqu'il avoit été élevé au trône de l'empire par le peuple Français. Mais je demanderai à ces personnes comment a-t-on connu le vœu du

quelles je me trouve placé, suffisent pour prouver que mes intentions sont pures. Je cherche une patrie, et mon bonheur est inséparable de celui de mes concitoyens : telle est ma profession de foi. Si j'erre dans mes pensées, si mes réflexions sont fausses, il ne faudra en accuser que mon esprit; mon cœur y sera absolument étranger, parce qu'il ne désire, il ne veut que le bien.

---

peuple, quelles garanties a-t-on eu que c'étoit bien par sa volonté que Napoléon étoit nommé empereur des Français ? Voici par quel procédé on a connu cette volonté. On a déposé chez tous les notaires un gros registre dans lequel chaque citoyen devoit inscrire son nom et sa volonté par *oui* ou *non*. Qu'ont fait messieurs les notaires ? ils ont reçu les adhésions et n'ont point voulu inscrire le rejet; la plupart d'entre eux ont fait remplir les pages de leur gros registre par des personnes qui inscrivoient avec des écritures un peu variées toutes sortes de noms qui leur venoient à l'idée. Le notaire ou ses clercs ont souvent servi à ce manége, en sorte que dans une ville de trois mille ames de population où il y avoit deux ou trois notaires, on a pu avoir au moins six mille voix pour l'élévation de Napoléon à l'empire. C'est par un procédé tout aussi bon que Buonaparte avoit usurpé le consulat à vie : j'en puis parler avec certitude, car à cette époque j'ai servi moi-même à la fourberie que je viens de faire connoître. J'étois fort jeune alors, et bien loin de croire qu'il m'importeroit un jour de vivre sous tel gouvernement plutôt que sous tel autre.

Depuis que le projet de constitution a été publié, divers écrits ont paru; les uns pour nous dire qu'il ne faut point de constitution, et cette opinion se retrouve souvent énoncée dans les journaux d'une manière indirecte; les autres pour prouver que le Sénat n'a point le droit de faire une constitution, ou pour improuver quelques articles de cette constitution qu'il vient de décréter.

Les hommes qui ne veulent point de constitution ne connoissent pas ou se méprennent sur les véritables intérêts du Roi et de la nation. Les raisons sur lesquelles ils fondent leur opinion ne sont que des sophismes. On lit dans un écrit intitulé : LE CRI DE LA RAISON ET DE L'EXPÉRIENCE, « Que nous parle-t-on d'*une*
» *nouvelle constitution à faire qui convienne*
» *au peuple Français ?* N'en avons-nous
» donc pas eu assez de toutes les façons depuis
» 1791, et n'avons-nous pas une assez longue
» expérience de leur inutilité ? Celle de 1791
» a-t-elle pu protéger le Roi ? toutes les autres
» ont-elles pu protéger le peuple ?

» LA CONSTITUTION QUI CONVIENT AU PEU-
» PLE FRANÇAIS, c'est celle qui est dans son
» caractère, dans ses mœurs; celle sous laquelle
» il a vécu et prospéré pendant QUATORZE
» SIÈCLES.

» *La loi de la succession au trône.*

» *L'enregistrement des édits du Roi par les* » *cours souveraines.*

» *La gradation des états depuis le dernier* » *des sujets jusqu'au monarque.* »

Voilà en effet une belle constitution.... C'est néanmoins celle que je préférerois, si des Titus, des Marc-Aurele, des Henri IV, et disons-le, des Frédéric-Guillaume, des Alexandre devoient toujours siéger sur le trône des rois. Si le souverain pouvoit toujours être un sage et voir tout par lui-même, le gouvernement despotique seroit sans contredit le meilleur des gouvernemens : mais si dans la série des empereurs Romains on y trouve un Marc-Aurele, on y voit aussi un Néron, et sous Louis XIII vivoit un Richelieu.

Avec le temps, les institutions vieillissent. En restant toujours les mêmes, elles ne peuvent pas toujours convenir à la nation pour qui elles ont été faites, parce qu'avec les siècles les hommes changent de besoins, de mœurs, d'habitudes, de caractère et même de physique. C'est pour avoir voulu conserver les institutions de Rome vertueuse, pauvre et ignorante, que Rome, riche, savante et vicieuse, s'est précipitée dans l'esclavage (*). Pour nous rendre heu-

---

(*) Les belles institutions de la république Romaine

reux avec nos anciennes institutions, il faudroit nous ramener les mêmes besoins et nous rendre les mêmes mœurs, les mêmes coutumes, le même caractère que nous avions lorsque ces institutions ont fait notre bonheur et nos prospérités. Une foule de liens sociaux usés peu à peu ont fini par se rompre : ces liens existoient pour nos aïeux, ils n'existent plus pour nous ; et de ces liens, le plus puissant de tous, celui qui seul pourroit presque suffire au maintien de l'ordre social, si les rois et les peuples vouloient s'y soumettre de bonne foi, a bientôt perdu toute sa force. Le crime n'est plus intimidé par la crainte d'une peine éternelle, et la vertu ne trouve plus d'encouragement dans l'espoir d'une récompense indépendante des hommes. La religion enfin, pour la plupart des Français, n'est plus qu'un vain fantôme ou un masque dont se parent trop souvent l'ambition et l'immoralité.

Les Français qui demandent hautement aujourd'hui *les Bourbons sans constitution,* sont des hommes ou qui n'ont aucune idée ni du caractère actuel de leur nation, ni de la composition du corps social et des rapports qui doivent exister dans ses diverses parties ; ou bien ce sont

---

ne pouvoient plus convenir à des hommes qui avoient autant dégénéré de leurs ancêtres.

des ambitieux qui, préférant leur fortune à la patrie et au Roi qu'elle appelle, prévoient dans la constitution des entraves à leurs projets.

Le Prince qui travaillera avec la nation à former un pacte social tel que le peuple puisse enfin jouir de ses droits, et que le souverain, en ayant toute latitude pour faire le bien, se trouve dans l'impossibilité de faire le mal, ce prince méritera des autels, et son souvenir restera éternellement gravé dans le cœur des Français reconnoissans. Après vingt-quatre ans de travaux et de malheurs, les Français voient dans Louis XVIII le pilote qui doit enfin les soustraire à la tempête et les conduire au port. Grâces soient donc rendues à l'Etre Suprême qui veille à la prospérité de la France, et dont le doigt protecteur a conduit la nation à rappeler sur le trône de ses ancêtres le seul homme peut-être qui soit capable de guérir ses maux, et de la rendre à un bonheur durable en lui assurant ses droits.

Une constitution est aussi nécessaire pour affermir le trône que pour assurer l'indépendance de la nation. Tous les peuples éclairés en ont senti le besoin, et l'Angleterre a assez prouvé, dans cette longue et malheureuse lutte qui vient enfin de se terminer, combien un gouvernement dont les bases reposent sur des idées saines de liberté, est supérieur au despotisme. Dans un gouvernement libéral, chaque individu est intéressé à la cause publique. La force et la volonté d'un pareil gouvernement se composant du concours de la force et de la volonté de chaque individu, il en résulte que sa force est nécessairement grande et sa volonté ferme, énergique, puissante et durable. Au contraire, dans une monarchie sans frein, qui n'est autre chose que le despotisme, chaque individu étant étranger au gouvernement, la cause du souverain ne sauroit jamais devenir la cause publique. La force d'un pareil gouvernement ne peut être que factice, et sa volonté étant presque toujours en contradiction avec la volonté de chacun, ne sauroit avoir qu'une énergie et une puissance passagères. Dans le premier cas, chacun est intéressé à conserver le souverain; dans le second, au contraire, chacun est intéressé à le détruire. Voilà pourquoi le trône qui ne repose point sur l'amour des peuples, n'est en effet, comme l'a dit fort *éloquemment* Buonaparte, que *quatre planches clouées ensemble*. Le véritable trône d'un roi est dans le cœur des citoyens. Hors de là il est toujours chancelant, et tôt ou tard il finit par s'écrouler.

La constitution de chaque nation doit être relative à sa manière d'être, et quoique le but d'une bonne constitution doive être le même pour tous les peuples, les moyens à employer pour parvenir à ce but doivent nécessairement varier suivant le caractère de chaque peuple, et suivant les circonstances physiques et morales au milieu desquelles il se trouve placé ; voilà pourquoi la constitution anglaise, qui est très-bonne pour des Anglais, ne vaudroit rien pour des Français, si on vouloit la leur donner sans modifications.

Des personnes, irréfléchies ou habituées à nourrir leur ambition par de basses flatteries, assimilant une monarchie à la famille naturelle, ne voient, ou ne veulent voir, dans une constitution que des conditions humiliantes prescrites à un père par ses enfans ; mais qui ne voit l'absurdité d'une pareille comparaison ; et quels liens la nature a-t-elle donc établis entre un homme qui est au faîte des grandeurs, et l'obscur artisan ou le paisible laboureur. Voit-on beaucoup de pères sacrifier leurs enfans pour agrandir leurs domaines, ou les enlever à la société sur la simple accusation d'un vil calomniateur!... et les lois elles-mêmes n'ont-elles pas prévu ce que pourroit faire un père dénaturé, et ne lui ont-elles pas imposé des obligations envers ses enfans? Une nation, il est vrai, n'est qu'une grande famille ; mais c'est une famille qui se choisit un père pour la gouverner , et qui convient avec lui de la manière dont elle devra être gouvernée. Cependant, quoiqu'il semble qu'une constitution ne puisse être faite que par le peuple , ou du moins par le corps qui le représente , parce que lui seul est censé connoître la volonté générale dont toute bonne constitution ne doit être que l'expression , nous croyons néanmoins, que le concours du monarque à ce grand ouvrage est une circonstance heureuse pour une nation , puisque la Charte Constitutionnelle qui en résultera, nécessairement mieux balancée , se trouvera renfermer l'expression d'un accord amical , d'une volonté mutuelle entre le Prince et le peuple , accord et volonté que chacune des parties contractantes sera intéressée à maintenir , parce qu'elles y trouveront l'une et l'autre la véritable source du bonheur et de la prospérité.

La nécessité d'une constitution nous paroît bien démontrée. Elle est sentie par tous les peuples éclairés. L'Angleterre, la Hollande, l'Espagne sont des monarchies constituées ; la France seule restera-t-elle en arrière , et les Français, après avoir si long-temps cherché leur indépendance politique, après avoir fait tant de sacrifices et éprouvé tant de malheurs , se retrouveront-ils au même point d'où il sont partis ? Non sans doute, et la renommée a déjà appris aux Français que le Prince appelé à régner, doué d'une ame noble et de talens supérieurs, leur apporte le fruit de ses longs travaux et de ses profondes méditations. Ce Prince connoît la véritable gloire des souverains, il voudra régner sur des citoyens et non sur des esclaves. VIVE LOUIS XVIII, VIVE LE ROI.

DE LA CONSTITUTION

DÉCRÉTÉE

PAR LE SÉNAT CONSERVATEUR.

Le Sénat *Conservateur*, comme le porte son nom, doit-il servir à autre chose qu'à maintenir les droits respectifs du peuple et du souverain, à conserver à l'un et aux autres toute la part que chacun doit avoir au gouvernement.

On a déjà contesté au Sénat le droit de décréter une constitution : on se demande : Qu'est le Sénat? d'ou lui viennent ses pouvoirs? n'est-il pas, dit-on; l'œuvre du tyran, qui vient d'être renversé? n'a-t-il pas, trop long-temps, été l'instrument de sa grandeur et de notre destruction? est-ce le peuple qui l'a revêtu de cette autorité dont il se pare aujourd'hui? .... c'est au Corps législatif seul qu'appartenoit le droit de faire une constitution, ou tout au moins il devoit être appelé à discuter cette constitution. Ce droit lui étoit doublement acquis, comme représentant le peuple, et comme ayant porté le premier coup au trône de l'usurpateur.

Un corps qui s'est souillé par une lâche soumission à la volonté du tyran, qui n'a pas eu honte de lui livrer par des sénatus-consultes le plus pur sang des citoyens, et qui a contribué ainsi à la production des maux de toute espèce, qui depuis douze ans ont pesé sur notre malheureuse patrie et sur l'Europe entière, peut-il être maintenu ? Quelle garantie la majorité des membres qui le composent fournissent-ils au monarque et à la nation ? ils ont sacrifié la monarchie à ce fantôme qu'on appeloit Liberté. Ils ont vendu le Directoire à l'usurpateur du trône des Bourbons, et ils attendent que deux cent mille hommes armés soient entrés dans Paris, et que la France entière soit envahie pour oser prononcer la déchéance de Napoléon, leur idole.

S'il convient que le Sénat soit conservé, (et nous pensons que ce corps pourroit rendre de grands services à l'Etat) il convient aussi qu'il jouisse de l'estime publique ; conséquemment il faut qu'il soit en grande partie renouvelé. Il y a encore en France des gens riches et honnêtes qui aiment leur patrie, qui s'honoreront d'être sénateurs, et qui se trouveront assez payés par le plaisir qu'ils auront à faire le bien.

En discutant quelques articles de la constitution décrétée par le Sénat, nous ne voulons point, à l'exemple de l'auteur de l'Ecrit déjà cité, disputer sur les mots et faire des commentaires qui sentent l'ergotisme du barreau moderne (*). Des subtilités peuvent être bonnes dans une plaidoierie ou dans un mémoire à consulter ; mais elles ne valent rien pour éclairer le peuple sur les articles d'une Constitution.

ARTICLE 3.

La noblesse ancienne reprend ses titres. La nouvelle conserve les siens héréditairement (1). La légion d'honneur est maintenue avec ses prérogatives. Le Roi déterminera la décoration.

I. Comme c'est le Roi qui fait la noblesse ; comme parmi l'ancienne et la nouvelle noblesse il y en a qui ont démérité du Roi et de la patrie, nous désirerions que le Roi choisît sa noblesse, et que ceux-là seuls qu'il auroit choisis conservassent leurs titres. Nous voyons cependant un avantage à conserver les deux noblesses ; c'est que le corps des nobles se trouvant dès-lors très-nombreux, il n'y aura vraiment de la considération que pour ceux qui rendront des services à l'Etat, ou qui se distingueront par leurs vertus et leurs talens.

(*) Voyez l'écrit intitulé : *Quelques réflexions sur le projet d'une* NOUVELLE CONSTITUTION, pour faire suite au *Cri de la raison et de l'expérience.*

ARTICLE 5.

Le Roi, le Sénat et le Corps législatif concourent à la formation des lois. Les projets de lois peuvent être également proposés (1) dans le Sénat et dans le Corps législatif. Ceux relatifs aux contributions ne peuvent l'être que dans le Corps législatif. Le Roi peut inviter également les deux corps à s'occuper des objets qu'il juge convenables. La sanction du Roi est nécessaire pour le complément de la loi.

I. *Proposés*, par qui ?... *Peuvent être* est trop indéterminé ; il faudroit à la place ces mots : *devront être proposés.*

ARTICLE 6.

Il y a cent cinquante sénateurs au moins et deux cents au plus (1). Leur dignité est inamovible et héréditaire de mâle en mâle par primogéniture (2). Ils sont nommés par le Roi (3). Les sénateurs actuels (4), à l'exception de ceux qui renonceroient à la qualité de citoyens français, sont maintenus et font partie de ce nombre. La dotation actuelle du Sénat et des sénatoreries leur appartient. Les revenus en sont partagés également entre eux et passent à leurs successeurs. Le cas échéant de la mort d'un sénateur sans postérité masculine directe, sa portion retourne au trésor public. Les sénateurs qui seront nommés à l'avenir ne peuvent avoir part à cette dotation.

I. Pourquoi n'y auroit-il que deux cents sénateurs au plus : est-ce pour qu'ils puissent se vendre plus facilement et plus chèrement au Prince ? Qui soutiendra les intérêts du peuple dans une assemblée peu nombreuse, dont les Princes de la Famille Royale et les Princes du sang sont de droit membres, et dont tous les ministres peuvent faire partie (ART. 7 et 14)? Nous désirerions que le nombre fût fixé à trois cent cinquante au moins ou quatre cents au plus.

II. *Leur dignité est inamovible, etc.* Ceci est entièrement calqué sur la constitution anglaise, comme si un Anglais et un Français étoient le même homme; comme si la France et l'Angleterre étoient le même sol, fournissoient les mêmes productions, avoient la même industrie, faisoient le même commerce, etc.... Pourquoi la dignité de sénateur seroit-elle héréditaire? Il est donc inutile qu'un sénateur soit un homme vertueux et instruit.... Nous entendons crier : « cependant en Angleterre les pairs sont à vie et nommés par le roi » : c'est vrai ; mais en Angleterre l'esprit national a dicté la constitution, et en France il faut que la constitution produise cet esprit qui n'y existe pas (*).

III. *Ils sont nommés par le Roi.* Comment le seront-ils ? Est-ce sur une présentation de candidats ou sans présentation ? Dans ce dernier cas, le Sénat cesseroit bientôt d'être un corps apte à conserver la constitution. Nous croyons cependant voir un remède aux vices constitutionnels que renferme l'article 6. En effet, si l'on craint que ce corps, qui doit être le point d'appui du levier social, ne fasse pencher la balance du côté du souverain, il suffira, pour le tenir au centre des deux puissances, d'établir comme base de la constitution que *les sénateurs ne pourront recevoir pour eux ni pour leur famille directe aucune place ou récompense du souverain que du consentement du Corps législatif.* Cette récompense n'en deviendroit que plus méritoire ; ce seroit alors la véritable couronne civique.

IV. *Les sénateurs actuels, etc.* Nous nous

(*) L'hérédité des places appartient à un gouvernement vieilli, et ne sauroit avoir aucun inconvénient pour un peuple qui a un esprit national bien prononcé.

abstenons de faire sur cette partie de l'article 6 aucune réflexion. Le cri d'indignation a été général. On a prétendu qu'en assurant aux sénateurs ces dotations pour eux et leurs enfans, ils seroient plus indépendans du souverain et moins exposés à la corruption; mais qui ne sait que celui qui a cinquante mille livres de rente peut se trouver plus pauvre que celui qui n'en a que dix, et qu'il y a à parier que l'homme qui a dix mille livres de rente s'en contentera, tandis que celui qui en aura cinquante en voudra avoir cent. La soif des richesses est inextinguible. L'assurance des dotations est donc une assurance bien précaire pour le peuple.

Nous croyons que le Sénat, à l'exception des membres de la Famille Royale et des ministres, devroit être renouvelé tous les cinq ans comme le Corps législatif; que le Corps législatif présenteroit une liste de candidats parmi lesquels le Roi choisiroit. Nous pensons aussi que chaque sénateur devroit jouir d'une fortune déterminée, et que dans le cas où un sénateur nommé n'auroit pas cette fortune, le trésor public fournît l'excédent jusqu'à la concurrence de cette fortune déterminée. Un sénateur pourroit être renommé autant de fois qu'il seroit présenté par le Corps législatif. Relativement à la fortune, nous désirerions pour le Corps législatif ce que nous venons de proposer pour les sénateurs. Le maire et les autorités de la ville ou de la commune que les membres du Sénat ou du Corps législatif habitent ordinairement, seroient chargés d'indiquer par approximation la fortune de ces membres. En ne voulant que des gens riches pour être membres du Sénat et du Corps législatif, on pourroit souvent fermer l'entrée de ces sanctuaires à des hommes recommandables par leurs talens et leurs vertus.

ARTICLE 10.

Le Corps législatif s'assemble de droit, chaque année le 1.er octobre (il faudroit le 1.er novembre et peut-être mieux le 1.er décembre). Le Roi peut le convoquer extraordinairement; il peut l'ajourner; il peut aussi le dissoudre (1); mais dans ce dernier cas un autre Corps législatif doit être formé, au plus tard, dans les trois mois, par les colléges électoraux (2).

I. *Il peut l'ajourner, il peut aussi le dissoudre;* il auroit fallu limiter le temps de l'ajournement, ou peut-être vaudroit-il mieux encore que l'ajournement ainsi que la dissolution de ce corps ne fussent pas possibles: le Sénat, dans ses considérant relatifs à la déchéance de

Buonaparte, lui a fait un crime de cette dissolution du Corps législatif, qu'il veut mettre aujourd'hui au pouvoir du Monarque.... Que penser d'un pareil Sénat !...

II. *Dans ce dernier cas, un autre Corps législatif doit être formé, au plus tard dans les trois mois, par les colléges électoraux.* L'espace de trois mois, que la constitutiou permet qui s'écoule entre la dissolution du Corps législatif et la formation d'un nouveau corps, est trop long, il faudroit le limiter à l'espace d'un mois ou six semaines au plus. Nous le répétons encore, il vaudroit mieux que la dissolution de ce corps ne fût pas possible.

ARTICLE 13.

Aucun membre du Sénat ou du Corps législatif ne peut être arrêté, sans une autorisation préalable du corps auquel il appartient. Le jugement d'un membre du Sénat ou du Corps législatif accusé appartient exclusivement au Sénat (1).

I. *Le jugement, etc.* Ceci peut être sujet à de graves inconvéniens. Dès que le corps auquel le membre appartient a autorisé son arrestation, ce sont les tribunaux ordinaires ou une haute cour, composée des membres de ces mêmes tribunaux, qui devroient en connoître. Le procès alors seroit toujours public et ne laisseroit plus craindre la violation de la liberté individuelle. Dans tous les cas, il faudra se servir des jurés qui devront être appelés suivant l'ordre de la liste établie.

ARTICLE 23.

La liberté de la presse est entière, sauf la répression légale des délits qui pourroient résulter de l'abus de cette liberté. Les commissions sénatoriales de la liberté de la presse et de la liberté individuelle sont conservées (1).

1. *Les commissions sénatoriales, etc.* Belles commissions, comme elles nous ont été utiles jusqu'à présent ; comme elles nous ont bien servi ! La liberté de la presse et la liberté individuelle ont-elles jamais été moins respectées que depuis qu'il existe dans le Sénat des commissions pour les garantir. Cependant nous ne voyons pas d'inconvénient à les conserver ; avec d'autres sénateurs, elles pourront être utiles. Nous désirerions même que de pareilles commissions existassent dans le Corps législatif. Cependant à la commission de la liberté individuelle nous préférerions l'article constitutionnel suivant :

Nul individu ne pourra être arrêté et retenu plus de 24 heures en prison, s'il n'a subi préalablement un interrogatoire du juge de paix dont il relève, et si l'officier de paix, jugeant qu'il y a lieu à poursuivre, n'a lancé contre lui un mandat d'amener. Dans le cas contraire, il devra être mis aussitôt en liberté.

Pour donner à cet article toute l'utilité qu'on désireroit, il faudroit y joindre celui-ci :

Les juges de paix devront être nommés tous les cinq ans par les assemblées électorales, qui pourront les proroger dans leurs fonctions, s'ils s'en sont dignement acquittés.

Cette Constitution, qui nous paroît incomplette sous beaucoup de rapports, est loin d'atteindre le but auquel doit tendre toute bonne constitution ; mais la nation, pleine de confiance dans les nobles sentimens d'un Digne Fils du Grand, du Bon HENRI, attend du Monarque qu'elle désire avec tant d'ardeur, une Constitution qui la rendra au bonheur, en liant le trône et le peuple par les mêmes intérêts. La conduite de l'Auguste Frère du Roi, pleine de dignité et de cet amour de la patrie qui est le partage des belles ames, est un sûr garant que l'espoir des Français sera enfin réalisé......

Français, que les dissensions, dont nous avons été trop long-temps les victimes, s'exilent à jamais de la France; oublions le passé: qu'une commune raison nous réunisse autour de nos Souverains! si par les événemens de la guerre nous avons à regretter des conquêtes qui nous ont coûté tant de sang et de larmes, consolons-nous, en pensant que les BOURBONS vont nous rendre une patrie et le bonheur, et trouvons dans une union intime, une force qui affermira le trône de nos Rois et donnera à notre nation valeureuse une puissance qui lui a été inconnue jusqu'ici.

VIVE LE ROI, VIVE LOUIS XVIII.

Paris, le 12 Mai 1814.

Se trouve à Paris, chez BLEUET, rue Dauphine, n. 18,
Et chez les Marchands de Nouveautés.

De l'Imprimerie de P. N. ROUGERON, rue de l'Hirondelle,
N.° 22.

www.ingramcontent.com/pod-product-compliance
Ingram Content Group UK Ltd.
Pitfield, Milton Keynes, MK11 3LW, UK
UKHW032033260826
14628UKWH00006B/2915

9 782011 759382